微疼 著

大學微微疼 2

捧腹推薦

看完讓人覺得白爛得好笑，
但又會同情他的遭遇。
哈！這是一本充滿歡笑與淚水的書！

毛毛蟲
插畫家

好糟糕的一本書！
莫名其妙害我笑到嘴邊肉好疼！

熊秋葵
插畫家

太搞笑了！讓我體會到把快樂
建築在別人的痛苦上的快感！

原po的老公-8元哥
插畫家

微微疼的廢青春，請小心服用，別笑太大聲啊～

夏宇童
全方位才女

現實生活中會發生的事情，
故事內容我覺得超貼切的！！

Jane_少少
國光女神

讓我想起大學回憶的種種北爛！
完！全！命！中！

安苡愛-小愛
青春好7逃主持人

這本書不只微微疼，也讓我微微笑，
大學生活真美妙！

李昂霖 Eric
旅遊達人、演員

這書簡直是居家、旅行必備聖品啊！

卓君澤

體育甜心主播

這絕對是一本健身書！笑到腹肌都炸出來了！

惟 毅

冒險王

大學生最怕什麼？看下去就對了！
太好笑啦～

曾仲葳

三立氣質主播

目錄

1 上課篇：上有政策，下有對策

2 愛情玩樂篇：有情有義，還有女朋友

3

外宿篇：悲情的旅程

4

黑歷史篇：小心別被陰

上課篇——上有政策，下有對策

別傻了！
你真的以為把課排在早八，
你就會早起？

老師大不同

話說，大一上課
和高中其實沒什麼兩樣，
因為課表幾乎都是滿的。
而滿堂其實無所謂
馬的到底是誰說上大學很爽的
最討厭的就是
經濟學要連上四堂阿。
連續上同樣的課。

第一堂
好 我要認真抄筆記
開始，將討論
件各不相同，故
因生產者(廠商、
數目而致可能彼
買方)的議價能
力：買賣雙
第二堂
恩恩
濟學定義的競爭之
(competitive mar
ket structure)並不相
同。競爭的市場結構
本上是以競爭人數
之，經濟學上
第三堂
幹…
結構：表一的市
構分類方式，乃是依
對價格的影響力大小
要取決於競爭者的
分類的主要標

上完四堂時
嘔嘔嘔嘔嘔嘔
已吐
媽啦，連續上四堂經濟學，
超想吐的，只有老師自己才受得了吧！
連續講四堂課應該很難受吧
老師你還好吧
嘔嘔嘔嘔～
原來老師也一樣！
而說到講課，
我先講講我的評分標準。
每個老師都有自己的一套規矩。

第一、我考試就是期中考和期末考，沒有小考。
第二、上課不要給我聊天！手機給我關靜音！
如果誰手機響了，視如翹課。
第三、如果點名三次沒到
就全部都當掉!!
沒有例外，知不知道!!!

靠～
玩這麼硬
餒餒，老師會不會太硬阿。
蹺三次就被當！
還好啦，換個方式想
蹺課三次就被當，
那我們至少還有
兩次蹺課的機會阿！
對耶

總是正向思考

不過阿，不是每個老師都玩這麼硬啦！
也有營養學分的老師存在。
什麼是營養學分阿？
營養學分就是老師很好！課程很好過！很容易拿到學分的課程
一般必修課程的老師總是特別嚴格，
不認真我就當死你
而相較之下，

選修的老師就根本是神！
期末不考試交報告就好。
萬歲
如果必修那麼痛苦，
那你為什麼不全部修選修？
白癡，
【必修】就是一定要修的課程啦！
不過阿，營養學分
吃太營養也很容易出事。

曾經有次上營養學分課程時……
各位同學，歡迎大家來上我的課。
老師的課很輕鬆，
有三件事情要注意！
第一、一學期只考一次考試。
萬歲
太棒了！老師萬歲
全班歡聲雷動

第二、
老師我上課呢，
從不點名。
全班再次高潮!!
神的恩典啊
屋挖挖挖哇哇
萬歲啊！
上輩子有燒香啊！
第三、即使都沒來上課，
只要考試能夠答對，
四十分我就會讓你過。

哈利路亞～
哈利路亞～
老師你是神阿！
哈利路亞～
老師謝謝你，根本是神阿，
居然這麼寬待我們。
天阿
你們老師這麼鬆，
你應該常蹺課吧？
你一學期蹺幾堂阿？
搖頭
五堂課？

超過五堂阿？十堂？
等等！你該不會……
第一整學期只去第一堂跟最後一堂考試吧
混蛋!!!看我啊
混蛋！你這樣對得起學費嗎？給我道歉
搞屁唷！又不是只有我大家都一樣阿！

算了啦，至少這是營養學分，
沒去上課也沒差。
但是老師管這麼鬆，
你應該沒被當吧。
混蛋！你那什麼表情？
為什麼一臉就是被當的臉！
因為整學期都沒上課的原因，
餒餒，明天考試該怎麼辦啦？
考試前一天難免會緊張。

你放心啦！
我問過學長了，
這老師出題很鬆，
不念書也能過！安啦安啦！
考試當天
唷大家都到齊了，
那我們現在開始期末考。
這次題目很簡單，只考三題，

只要能答對四十分就好嘍！
太棒了！再怎麼白癡，應該也可以有四十分啦！
考卷給你
哈哈，只有三題，寫完就回去睡覺吧！
第一 這堂課上課教室在哪？
第二 這堂課老師的全名？
第三 這堂課的完整名稱？

阿哈！這三題阿！
根本簡單。
只要有來…
上課的話。
阿阿阿阿阿阿阿
我都不會阿
死翹翹惹
因為一題都寫不出來，
怎麼啦？不會寫嗎？
老師經過我的身邊時。

阿靠杯

生活劇場

考試分數比朋友高時

我期末考九十分耶
90
幹作弊啦跟老師有一腿
偷念書阿人渣敗類
一句話國家不幸

考試分數比朋友低時

我期末考十分
有十分就偷笑啦你
垃圾程度剛好而已
隨便念都贏你啦

蹺課的真心理由

拜託，真是夠了。
認真一點上課很難嗎？
一直蹺課，學費是繳心酸的唷。
如果有好人能做，誰願意當壞人！
我們也有不得已的苦衷阿！
蹺課還有苦衷哩
一開始上課時，我們也都很認真聽課。
但是過十分鐘後，
媽阿
老師在念三小
為什麼我聽得
頭好痛阿
緊~
緊緊~
就開始完全聽不懂了！
老師瞬間唐僧附身

沒關係…聽不懂可以問同學阿！
我怎麼能輕易放棄呢！
剛剛老師上課講的你聽得懂嗎？
哈哈哈哈
靠妖唷~我剛剛都在睡覺啦！
阿靠杯
算了，不上了。反正去上了也聽不懂。不如在家睡覺吧！
開始翹課的第一步
幹！給我起來！

不過有三種情況，
遇到時，大家都會自動翹課。
哪三種？
第一種，一睡醒就發現外面在下雨。
不行，這場雨是老天給我的暗示，
叫我今天別上課。
第二種，發現已經遲到超過五分鐘。
靠妖，已經上課了
現在進教室應該也來不及吧！

而且上課中才進教室，
真的很沒禮貌。
不如下一次再去吧！
第三種，天氣變冷時。
靠妖~今天寒流來耶。
一堂課不去不會死！但現在離開棉被我會死！
根本撿角！

而說到這兒，不得不提個宿舍傳說，
傳說中，只要有一個室友決定要蹺課。
起床阿要上課了耶
不要啦！我這節不上了。

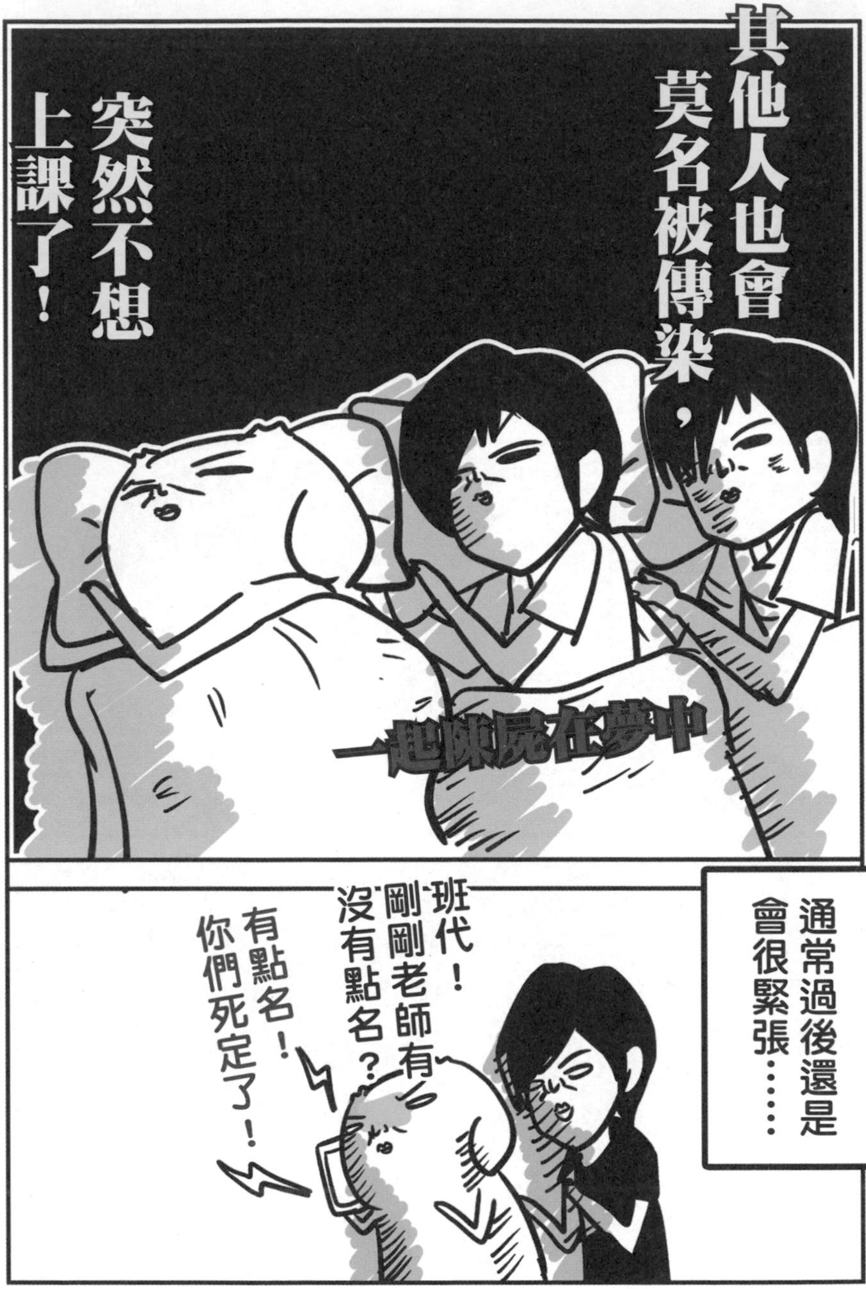
其他人也會
莫名被傳染，
突然不想
上課了！
一起陳屍在夢中
通常過後還是
會很緊張……
班代！
剛剛老師有
沒有點名？
有點名！
你們死定了！

學校附屬算命小站

話說我們學校有個國文老師
很特別。
各位同學，老師現在開始點名，
因為老師對姓名學有點研究，
點到名字的同學都可以算一次命
萬歲~
好啦~那不要浪費時間，
一號是誰呢？
有！

我看看阿，你屬蛇，名中有木，
你是一個非常疼女友的人。
你名字最後一個字
代表你是非常勤奮賺錢的人，
小心別過勞死阿。
老師你都這樣講了。
那這名字算不錯吧！

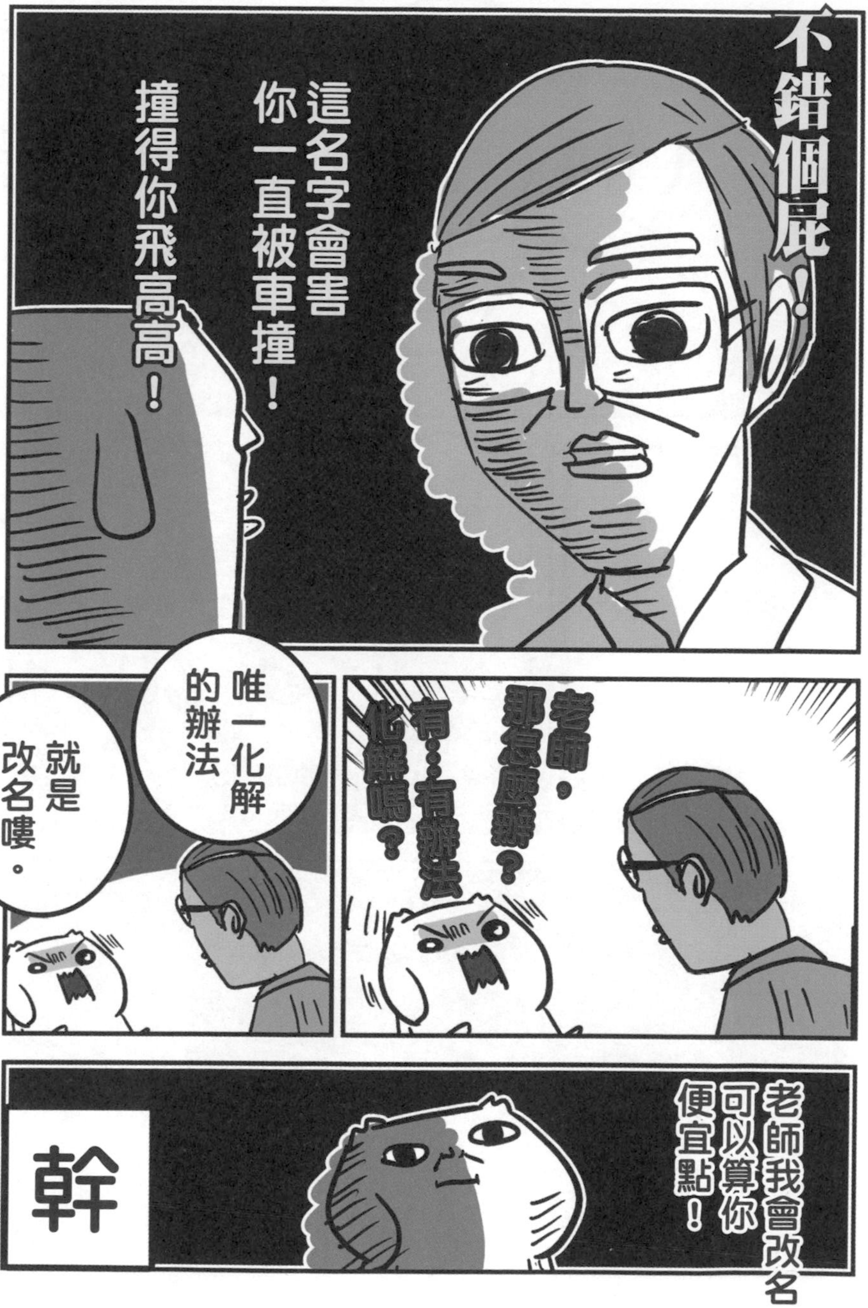

不錯個屁！
這名字會害你一直被車撞！
撞得你飛高高！
老師，那怎麼辦？
有…有辦法化解嗎？
唯一化解的辦法
就是改名嘍。
老師我會改名，可以算你便宜點！
幹

下課後
餒餒，衰鬼騎車小心阿。
你很容易被車撞唷。
少來！聽他亂講你就信，
等到發生再說阿。
先走啦掰～
磅!!!
阿幹

就這樣一語成讖
全身多處挫傷以及腳扭傷
哇靠！這老師也太準了吧！
你真的不考慮給他改名嗎？
哈！這只是碰巧的，有種再撞一次阿！
結果就在隔年
本人就被車撞到粉碎性骨折，拐杖拿了七個月之久。

選幹部的時刻到了

對了，我問你唷，
妳有沒聽過一堂課
叫做導師時間？
導師時間？
是不是導師臨時找一堂空堂
強制大家來開班會阿？
沒錯，妳不覺得這堂課
很擾民嗎？
好啦大家聽我這邊唷！
等一下，要開班會，
請大家務必要到。

煩捏，沒事開什麼班會阿。
可能有事情宣布吧！
餒那個，我等一下阿不去開班會唷。
小劉你不去唷！
反正班會都那樣，我不如回去睡覺。
好啦！各位同學，
老師有事情要宣布，
關於這學期的出席率阿，
有些人狀況不太好。

果然都是講屁話，
好後悔沒有蹺掉唷。
對了，另外還有一件事情宣布，
這堂課我們要重新選
班代。
送啦～沒有蹺課萬歲
哈哈哈哈開動～

等一下，為什麼選班代你這麼開心阿？
當然爽阿！
你不曉得當班代有夠衰的。
抽問問題時
班代來回答這題
要借教室時
下禮拜要借教室班代去借
要借器材時
上課要投影機班代去借
整個就超級衰
一蹺課馬上被抓包，還一直被當小弟使喚。

沒錯！就是第一集出現過的小劉！

重點是
回宿舍還要……
為什麼！
為什麼是我？
是誰提名我的
幹！該死！
不知道耶，好像是女生提名的。
活該啦！誰叫你不去上課！
怪我嘍
撇清責任看好戲

上課最重要的事

你知道上課時
什麼事最重要嗎？
阿不就課本，不然就筆記阿。
錯了！上課最重要的不是課本也不是筆記。
最重要的就是
座位～
熊賀啦。。。

一個好的座位可以讓你，
滑手機、
看小說、
睡覺。

尤其是靠近門口的最後一個座位，
根本超值推薦。
老師點完名了，落跑！
沒救了！
不過有時候真的要慎選座位，
因為有一次……
坐窗戶旁邊好了，感覺很涼！
颱風好像要來了耶，
等等可能會下雨。
轟隆隆

阿幹幹幹幹幹!
瞬間淋溼
不過想要搶到好座位，
胖子，今天換你去占座位了。
如何占座位就很重要了。
大致上，朋友都會輪流幫忙占座位，
我坐這邊
小楊坐這邊
但是如果課本不夠的話……

靠妖！課本不夠了。
阿不管啦！隨便放個東西占位子。
這樣應該沒關係吧
衛生紙一包
喝完的飲料
原子筆一支
餒你看，後面還有位置耶。
那我們要坐哪裡？

那我坐這裡好了。
等一下！那桌上有一包衛生紙
那是我占的位置！
不要這樣看我！
畜生
那我坐這邊可以吧？
你沒那麼廢物還用喝完的飲料占位子吧？
馬的說謊阿

不過拜託別人占位子，
靠妖遲到了
也要找可靠的人。
沒辦法了
喂喂，阿KEN？你可以幫我占位子嗎？
唷唷，好阿放心，幫你占好位置。
結果一到教室……
那裡那裡，我幫你占了一個超讚的位置。
謝謝

結果他真的替我占了好位置。
幹
一個離老師超近的好位置!!!
坐在老師正前方

豬一般的隊友

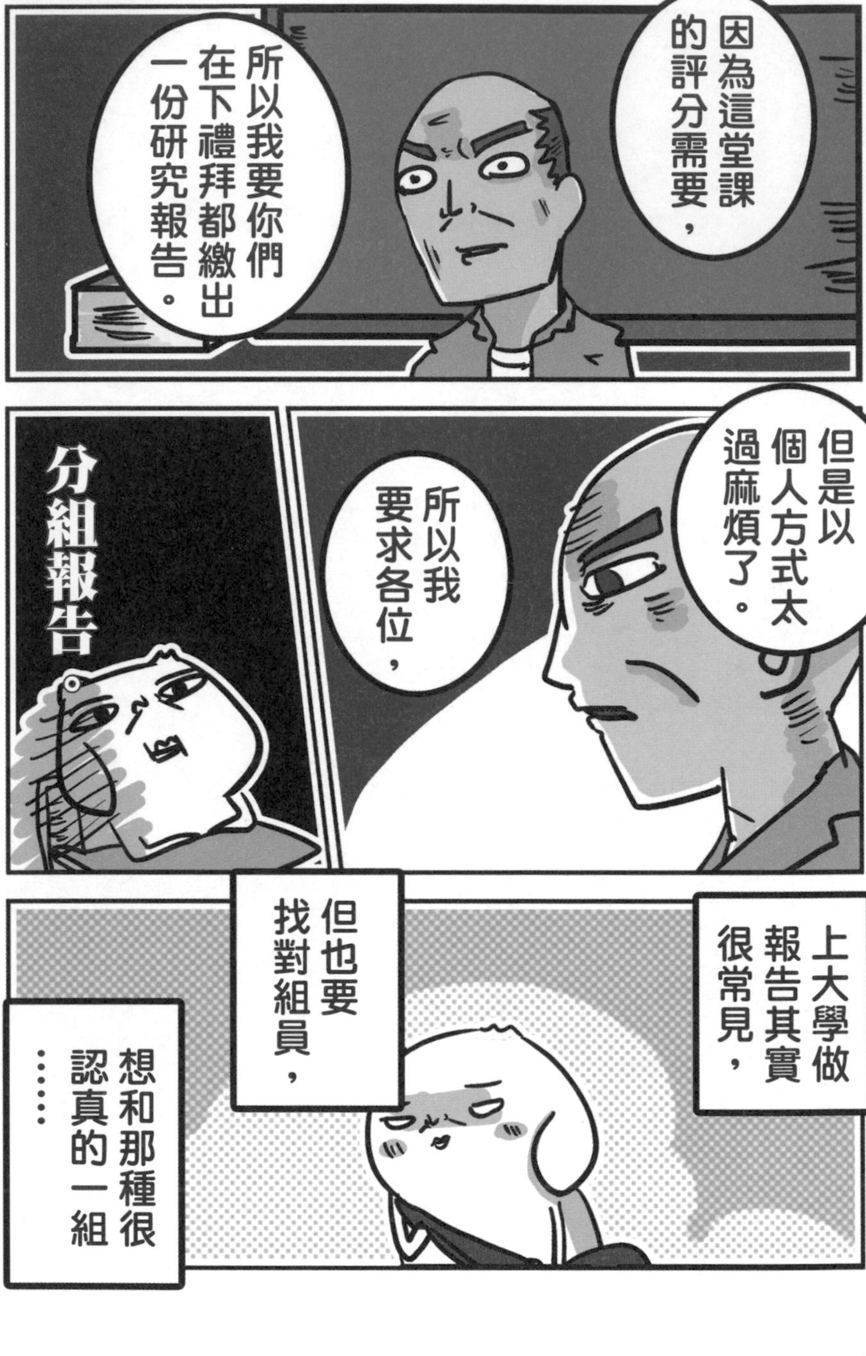

因為這堂課的評分需要，
所以我要你們在下禮拜都繳出一份研究報告。
但是以個人方式太過麻煩了。
所以我要求各位，
分組報告
上大學做報告其實很常見，
但也要找對組員，
想和那種很認真的一組……

同學！我可不可以跟你們一組阿？
巴拉 巴拉
馬上討論幾點做報告
我們和你很熟嗎？
但如果跟好朋友一組的話…
那我們等一下去打麻將好不好？
完全不可靠阿！
歡迎！你也跟我們一組唷！
一起做報告不孤單。

報告前五天
我們什麼時候要討論報告阿？
免啦，還久的。
報告前三天
我們什麼時候要討論報告阿？
沒空啦。
報告前一天晚上
馬的，明天就要報告了。
都還沒做耶。怎麼辦？
活該死好啦！

好啦，現在才晚上八點，
分工一下應該很快就好。
我們先確認彼此的工作吧。
我負責上台報告吧。
那我負責整理心得。
那我負責印報告。
馬的，淨挑些簡單的。
好啦！那我找資料和整理資料。

對了，我負責的工作是上台報告吧。
對阿！
所以現在也沒有我表現的地方吧？
算是！
那我要去打工了唷！
畜生
算了啦，你就先去打工吧！剩下我們來做。
哈哈，掰啦！

那我是寫心得的，等你弄好再叫我吧。
那等你們弄好再叫我去印嘍
幹
最後還不是只有我在弄。
最後總算把報告趕完。
終於！感動！明天安啦！

總是會有一兩個想撿現成的寄生蟲

大學生最愛的 Google

Google 還是很危險的

面對考試的等級

什麼阿？最後還不是複製Google，
還搞得一副很辛苦的樣子。
阿不然你來弄看看！
不過除了這些，應該還有明顯和高中
不同的地方吧？
當然有阿
像考試阿，就讓我超開心的。
以前高中一學期要考三次段考，
一次還考八科，累得要死。

相較之下，
上大學只
考期中考
和期末考。
整個超
佛心的❤
而且高中時，
如果考試只考
了六十分，
我是廢物，
我完了。
整個覺得
人生完蛋了。
而大學如果
考了六十分，
阿阿阿阿阿阿
神明有保佑阿
已經足夠
擺幾桌慶祝
一下了！

菜鳥考期中考
提早兩個禮拜全部都念一遍，卻還是考不好。
青鳥考期中考
提早兩天和同學做準備，
把會的讀熟，可能考的搞懂。
老鳥考期中考
提前一個晚上念就好，
反正會的也不多。

可是學長，
我連我自己都不相信自己了。

愛情玩樂篇

——有情有義，還有女朋友

能玩、能戀愛的時間要把握，因為大部分的時間都沒醒過！

班上的活寶

說到同學，
每個人的大學生活中，
一定都會遇到幾個很特別的同學，
而他們最大的共同就是，
完全不覺得自己特別！
小劉！等我一下

他是我的同班同學，
走那麼快幹嘛啦～一起回宿舍阿
非常特別！比如說他很養生，
他不吃速食和油炸物，早睡早起，
甚至堅持絕不喝冰的飲料。
而他特別的程度……
餒我問你唷！你平常有運動的習慣嗎？
運動！有阿！

我平常晚上都會去跑操場，你要跟我一起嗎？
是唷，好阿！
可是現在是冬天，戶外好冷。
我是有個想法啦！
你覺得，買一台室內腳踏車如何？
神經病阿！你錢太多唷！開玩笑阿！
原本以為他只是講講的，
結果隔一個禮拜……
小劉上課嘍！
他居然真的買了！

搞屁阿！這三小！你還真的給我買下去！
你來了阿！
唉呦又沒差，買一台放在房間很方便耶。
這不是重點，重點是你怎麼會有錢？
錢阿，就是我這禮拜放假回家阿，
然後看到我媽的保險箱沒有關，
所以我就拿了一點……
混蛋！
而他有次買綠豆湯時……
我要綠豆湯
阿姨，我要薏仁湯

就在我們走回宿舍的時候…
今天好熱阿
對阿內褲都溼了
阿靠！糟了！
我剛剛叫綠豆湯，忘了要熱的
怎麼了？
不行！我要回去換。
白癡唷！都這麼熱了還堅持屁阿。
嘿嘿～沒關係回宿舍！我有辦法。

後來回到宿舍，
我猜不出來小劉會對他的綠豆湯搞什麼花樣，
就跑去找他，
小劉我進來嘍
結果當我一開門，
就看到……
哈哈哈哈
哩衝三小
他正拿著吹風機
幹好熱唷
吹熱綠豆湯！

白癡阿
你這樣綠豆湯會壞掉啦！
喝冷的會死膩！
就不想阿！
最後我離開房間時
你剛剛去找小劉阿？
對阿！我跟你講，他居然用吹風機吹熱綠豆湯耶！
馬的，那個白癡
我剛剛去找他時是看到他
把綠豆湯放在陽台曬熱！

三小驚喜

餒，你除了上課、打工，難道沒有其他好玩的事了嗎？
大學的精華都沒玩到阿！
什麼精華阿？
當然就是戀愛阿、夜唱阿、夜衝阿！
難道這些都沒有嗎？
這個阿，當然有阿！
說到夜唱阿，我大一的時候可不是蓋的，
大一可以連續一個禮拜夜唱四天，
晚上夜唱好不好？
OK 阿
而且一唱就是八個小時。
為愛付出瘋狂
為夢受一點傷

唱完走出去，看到太陽也不會畏光！
挖～好舒爽阿
甚至還可以吃早餐，
然後馬上去上早上八點的課哩。
先點名阿
哇靠，你們好猛！
這樣完全都不累阿？
哈哈，那還好啦！我OK的！
這樣才是青春的表現阿！
不過，這樣的日子，

大概到大二時就不行了
請叫我奧肖年
驕傲個屁阿
不過真正有趣的除了和朋友在一起，
微疼～有事找你啦～
幫朋友追女生才是真的好玩。
KEN想要拜託你一件事情。
什麼事阿？
就是阿，今天是我女朋友生日，
我想給她一個驚喜！

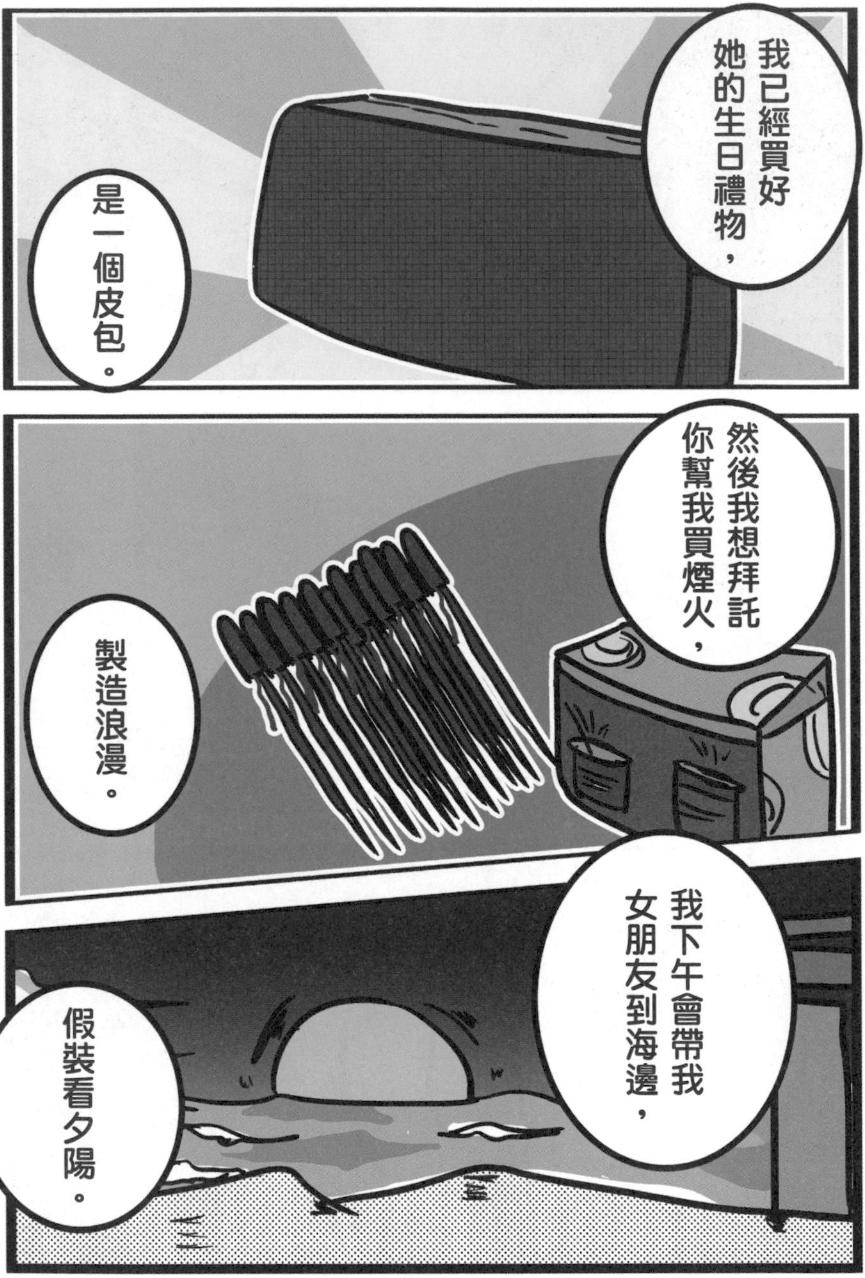
我已經買好她的生日禮物，
是一個皮包。
然後我想拜託你幫我買煙火，
製造浪漫。
我下午會帶我女朋友到海邊，
假裝看夕陽。

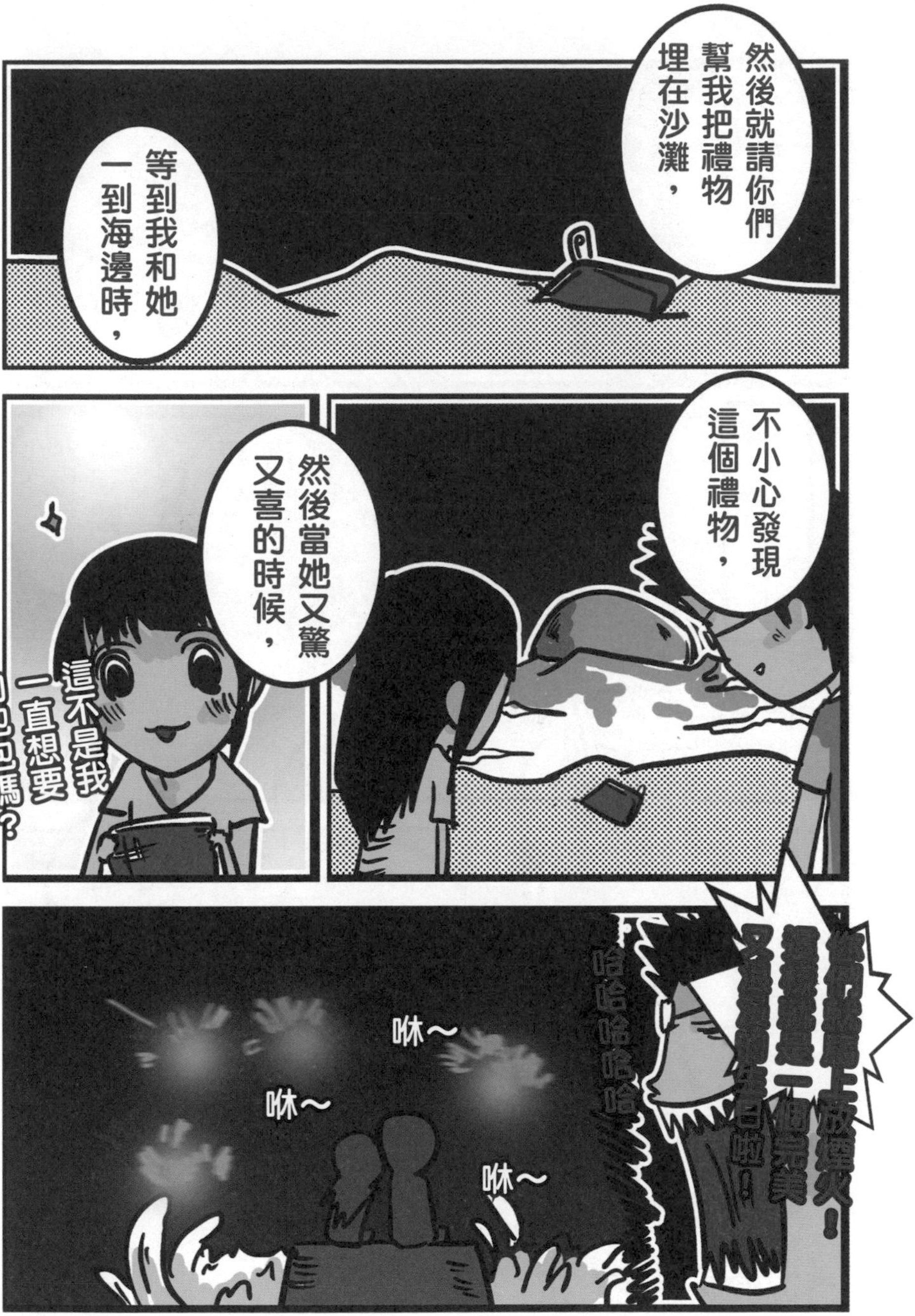
然後就請你們幫我把禮物埋在沙灘，
等到我和她一到海邊時，
不小心發現這個禮物，
然後當她又驚又喜的時候，
這不是我一直想要的包包嗎？
上放煙火！
一個完美
生日啦！
咻～
咻～
咻～
哈哈哈哈哈

哇靠這招太讚了！
我要參加！
Azz你好爛漫唷！
哈哈，好說好說。
那就這麼說定嘍，
拜託你們兩個了！
放心啦！
過幾小時後……
喂喂，阿中阿，
我已經到海邊了，你在哪？
這裡啦！

你煙火也買太久了吧！
他們都快到了耶！
又不能怪我！
在市區很難買到煙火耶！
我不確定這個適不適合。
好啦！別廢話，快拿出來啦。
好阿！
吶這個
財
靠杯！這三小？

是他女朋友生日，又不是神明生日！你買鞭炮衝殺毀？
這差很多捏
我又不是故意的！就真的買不到煙火咩！
算了，他們快來了，你先去埋禮物。
恩恩，禮物要埋深一點，
不能太快被找到，
可是我要怎麼讓他知道禮物在哪呢？

阿對了，在上面放樹枝，
這樣就知道了。
好了沒，他們到了。
放心啦！我好了。
終於來了
親愛的，聽說這裡夕陽超美，你知道嗎？
真的假的？第一次來耶。

我問你，禮物藏哪裡？
開耳機對話
禮物的正上方
有插樹枝做記號。
好的，收到！
寶貝，你可以幫我找根樹枝嗎？
什麼樹枝阿？
就這沙灘上……
有一根樹枝……
一整片都是～
靠杯！

馬的，你頭殼裝屎呵
這裡一整片都是樹枝，鬼才找得到啦！
真麻煩耶，
不然你聽我的指示移動好了。
向左走！
移動
太左邊了！
右移一點
移動
又移動

好玩耶！真人遙控器
你們接下來，原地跳十下。
去你的！還真當我是玩具阿
不管禮物了啦！
直接放炮快點！
可是那個炮…
別可是了！馬上放！
寶貝！聽我講一件事情。
一件很重要的事情！

今天是我們交往後妳第一個生日，
對我而言，妳就像是女神一樣，
充滿驚喜的出現在我的身邊！
我非常感謝妳！
所以今天，在妳生日這一天我也要給妳一個驚喜！
給妳一個是女神才有的專屬煙火的驚喜！
SHOW TIME
啪啪啪
啪啪啪阿

靠杯
啪啪啪
啪啪啪阿
這三小？
啪啪～
幹！

青春就是要狂衝

老實說，你是嫉妒別人有女朋友？
故意弄他吧！
靠妖！是真的買錯啦
可是你大學沒有和朋友
出去過夜之類的嗎？
沒有阿，因為我假日都要打工，
哪有時間呢？
而且阿
誰想要和一群男生過夜，
要過夜就要跟妹子阿！
有道理！

不過多多少少，我也有跟朋友出去住過。
微疼，你這禮拜有沒有空阿？
要幹嘛？
就是阿我們這禮拜要去衝墾丁，
要不要一起去？
哈哈，謝啦！
可是我六日都要打工，你們去就好。
第二次約
我們這禮拜要衝台北，
你要一起去嗎？
不好意思！
可是我六日都要打工。

第三次約
我們這禮拜阿……
可是我六日都要打工。
媽的我
還沒講完
對不起
這次我們決定直衝阿里山！
今天下午就直接騎車到嘉義，
晚上睡山上，隔天看日出！
今天不是假日，你應該可以一起吧！

對阿，好開心唷！
開心得快死掉惹。
你的臉明明就不是那樣！
不過下午還有課耶。
沒去上沒關係嗎？
這你就別擔心了，
下午那堂課阿，
反正也過不了，
放棄它吧！
撿角！

就這麼突然地，我們開始阿里山之旅。
對於大學生而言，出去玩
只需要和對的人，
親愛的快上車
寶貝東西帶了嗎？
花合理的價錢，
和一種當下的
老公不要抽菸了！
FU!!!
真棒阿這就是青春吧
不過我有件事要說……

為什麼大家都雙雙對對，我就非要和男生一組啦？噁心死惹！
你以為我很想阿！
算了啦，
別再垃圾話。
戴上安全帽，
我們出發吧！
GO!!!!

就這樣，前往阿里山，
但我們馬上就發現一件事……
阿中，我問你唷
有沒有覺得，
靠杯好冷捏
兩個沒穿外套的北七
（當時為10月底）
北緯23.5度
北緯23.5度
這樣一路到了嘉義後，

好冷唷，可不可以先休息一下？
幹！現在不是才十月底嗎？
兩個白癡！
我說阿，要不要先打給民宿老闆
問看看山上冷不冷。
這個好！
喂，老闆嗎？
我是有訂房的孫同學。
同學有什麼事嗎？

想問一下山上天氣冷不冷呢？
山上阿，不會冷阿。
那現在是幾度阿？
今天比較溫暖，
有五度。
因為不想冷死在山上，
就買那件嘍。
好！
我們決定，先買件衣服來穿。

買雨衣
芭納納二人組
沒下雨卻穿雨衣，看起來真夠蠢。
這也沒辦法，誰叫一件外套這麼貴。
戴上
為什麼你有手套！
偶也要！
你也要阿，
剛好我車廂裡面有一雙……

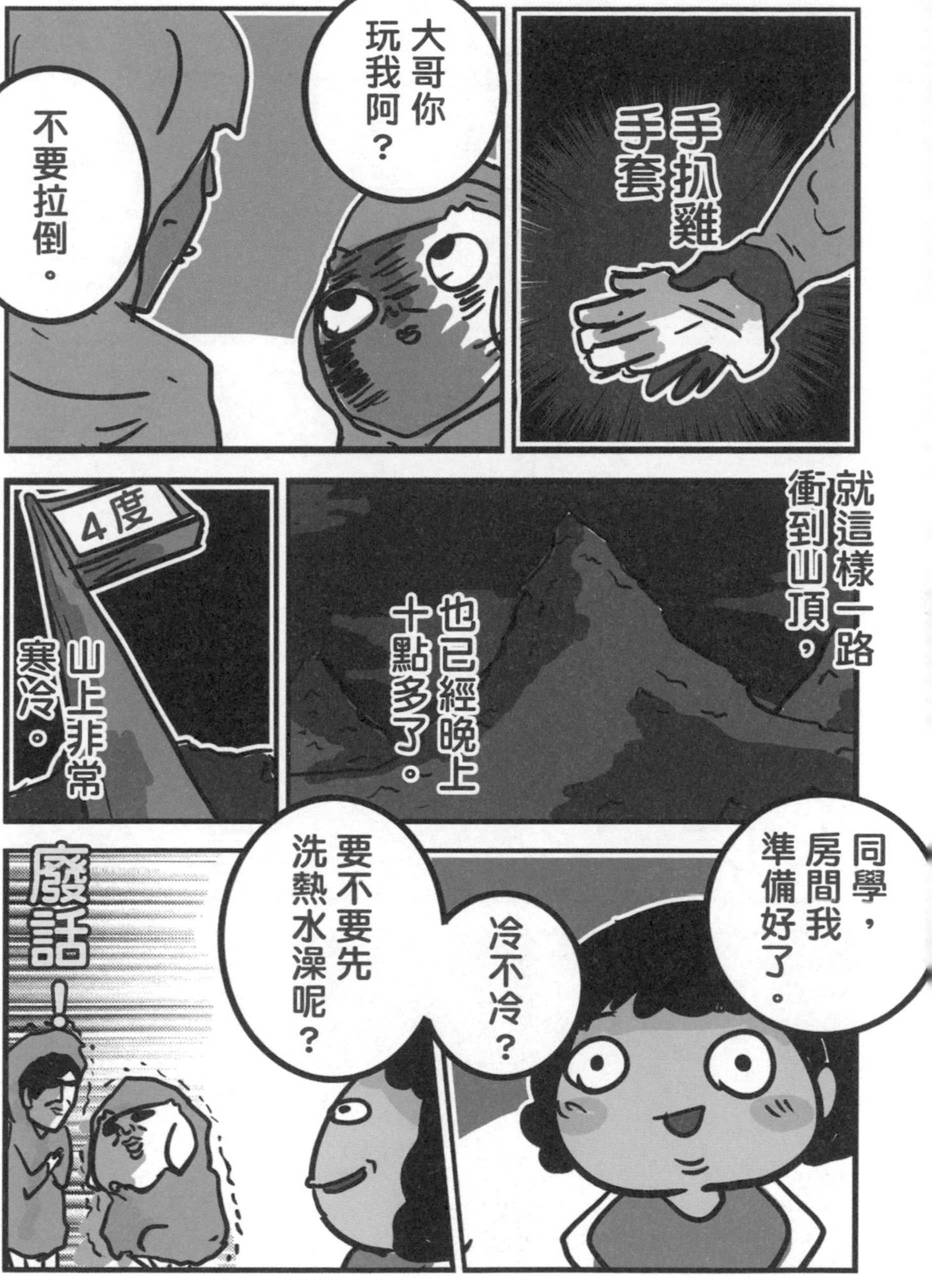
手扒雞
手套
大哥你
玩我阿？
不要拉倒。
就這樣一路
衝到山頂，
也已經晚上
十點多了。
4度
山上非常
寒冷。
同學，
房間我
準備好了。
冷不冷？
要不要先
洗熱水澡呢？
廢話！

因為要省錢的關係，
我們選大通鋪的房間，
所以就連浴室也只有一間。
當然就有洗澡的先後問題。
我要先洗啦！
不要勒，我先啦。
那個，我讓你們都先洗，我最後一個就好。
真的嗎？太好了！
少一個人搶了。

一般來說排隊洗澡
總是會被別人催。
好了沒阿
哈哈！
這群笨蛋中計了！
我最後一個，
不但可以慢慢洗，
熱水要多少有多少。
得意
餒我好了，
換你嘍。
哈哈，換我慢慢洗了吧。

餒同學，你洗好了嗎？
還沒阿，我才剛要洗，
是唷，那我要跟你說唷。
因為你們一次太多人洗了，
我的熱水器受不了，
現在已經壞了。
拿泥
剩冷水！

人算不如天算

後來因為要趕凌晨的小火車上山，
沒有睡多久，
4:00
大家也都起床了。
簡單的盥洗，
又是一批型男。
台南吳尊來惹！
你說謊以後一定會下地獄

哈哈哈哈
走吧！
阿里山小火車
讓我來
會會你吧！
磅
靠杯，
那天從凌晨
開始，
這是要看
三小日出？
就一直不斷
飄雨。

最後，
不但沒看到日出，
我還是為了去阿里山
而蹺課的人，
唯一被當的！
天阿
我以為我會
被當耶
我也是
給拎杯
記住

生活劇場

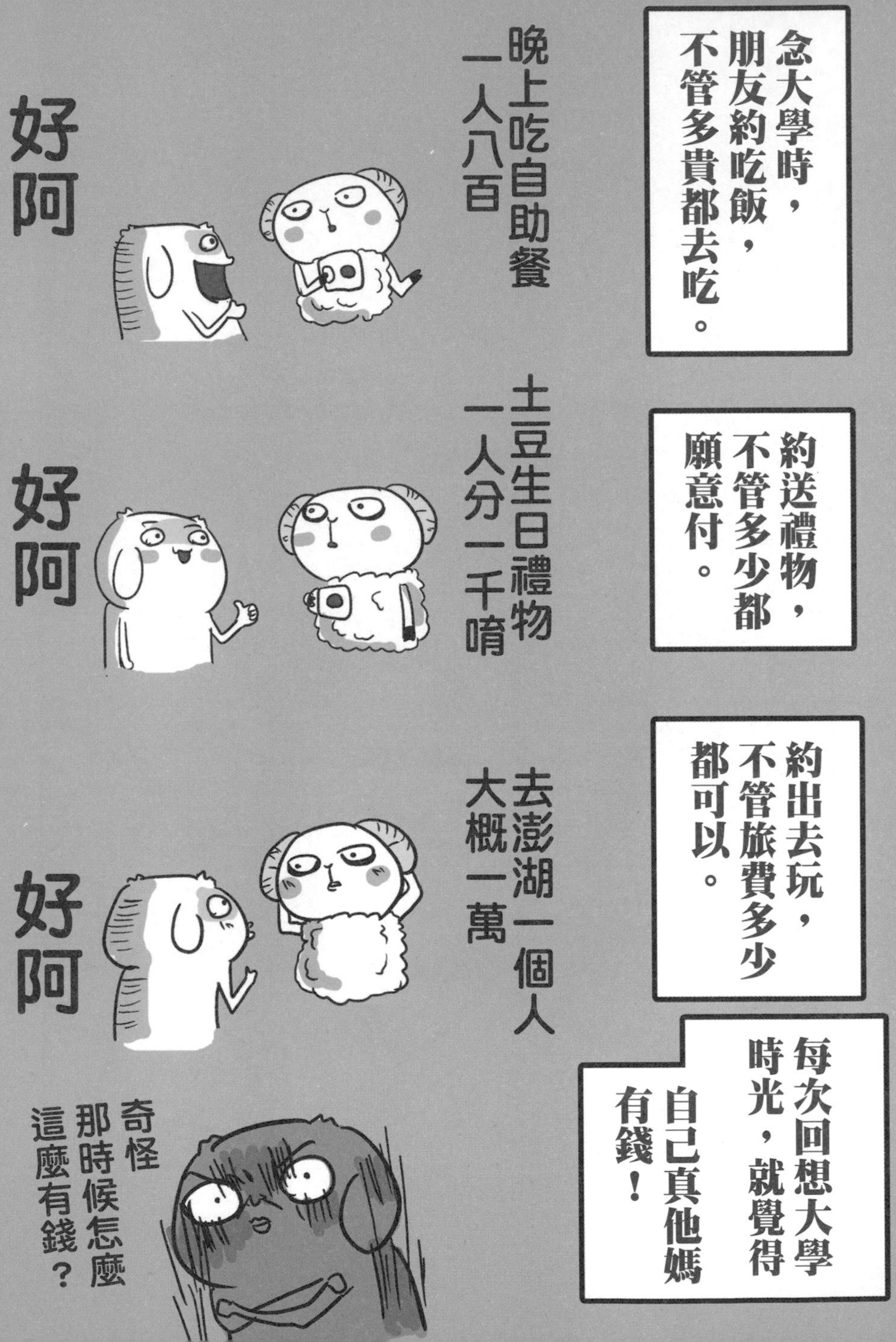
念大學時，朋友約吃飯，不管多貴都去吃。
晚上吃自助餐
一人八百
好阿
約送禮物，不管多少都願意付。
土豆生日禮物
一人分二千唷
好阿
約出去玩，不管旅費多少都可以。
去澎湖一個人
大概一萬
好阿
每次回想大學時光，就覺得自己真他媽有錢！
奇怪
那時候怎麼
這麼有錢？

拜拜月老團

說到戀愛阿，班上總是會有些男女生，
一開始只是好朋友，
漸漸越走越近，
晚上要不要吃飯？
好阿吃什麼？
在忽然間好像看順眼，
莫名其妙在一起，
就是所謂的
班對。

不過通常都是在一起後才公開的，
什麼！你們交往了
所以有些人就會不爽。
好阿恭喜阿！偷偷來的阿女人第一兄弟都是屁啦！
這算哪門子的恭喜阿！
進展到哪啦？
幾壘了呢？
拜託，才剛在一起，哪有什麼進展阿？
只是她下禮拜就要搬來和我
同居。

阿不就好棒棒！
阿不就明年生小孩！
靠杯
不過遇到這種狀況，
也不要太緊張。
因為還是有
孤獨～四匹狼
一群人陪你單身。
微疼，我想過了。
真正的感情不是守株待兔而來的！
我們應該主動出擊，
說得好！那要怎麼做
台南不是有很多廟嗎？

那我們就揪團一起去拜月老吧！
你覺得怎樣？
這就叫主動出擊？
就這樣，真的組一團進香團一起去拜月老。
天公廟
這裡就是台南有名的月老，
求姻緣的方式，
只要擲筊有聖筊顯示，
才表示月老同意讓你拿紅線和姻緣符。
那就讓我先來吧！

月老爺爺，信眾楊○○
今日向您乞求姻緣線，
如果您願意的話請給我一個聖筊吧！！
擲筊！
靠妖
不給你
哀~真可惜如果月老不給你也……
祂搞錯了！
我們人這麼多剛剛一定是祂搞錯人了。
我要再問一次！

如果願意請給我聖筊
阿又沒有
啪
如果願意請給我聖筊
還是沒有
啪
半小時後
你看，月老終於給我了
喘喘
最好是可以這樣求啦！
結果那次進香，
四個人都有求到姻緣線。

更扯的是，
半年內居然全都交到女友了！
靠妖居然這麼準
但是在某天
微疼~
幹嘛
痛哭流涕
靠妖！幹嘛哭阿你發生什麼事？
我女朋友要跟我分手，
你可不可以借錢給我，
讓我去台中找她……

傻孩子，說這什麼話？
我們都這麼麻吉！
幹嘛這樣呢！
謝謝你！
不過阿，比起借錢給你，
不如把你那件限量的牛仔褲
一千賣給我，
這樣不是更好嗎？
你和趁火打劫哪裡不一樣！
看來你是不缺錢嘍！
賣一千二可不可以？
九百，不要拉倒。
靠！你夠狠。

結果最後還是分手惹

同居好麻煩

一般大學生情侶交往後，多數都會選擇同居。
除了可以省錢，
也可以一起逛大賣場，共組愛的小窩。
你看，這個餐具組還不錯耶。
但其實都在逛一逛之後，
家裡放這個一定很棒！
那這組多少錢阿？
一千二
靠杯
才發現根本買不起。

不然就是要處理房間內的垃圾時，
寶貝，你吃完，垃圾要丟唷！
好，我會丟。
寶貝，你記得要丟垃圾！
好～
永遠都是先受不了的人
媽的，都長蛆了。
先去整理。

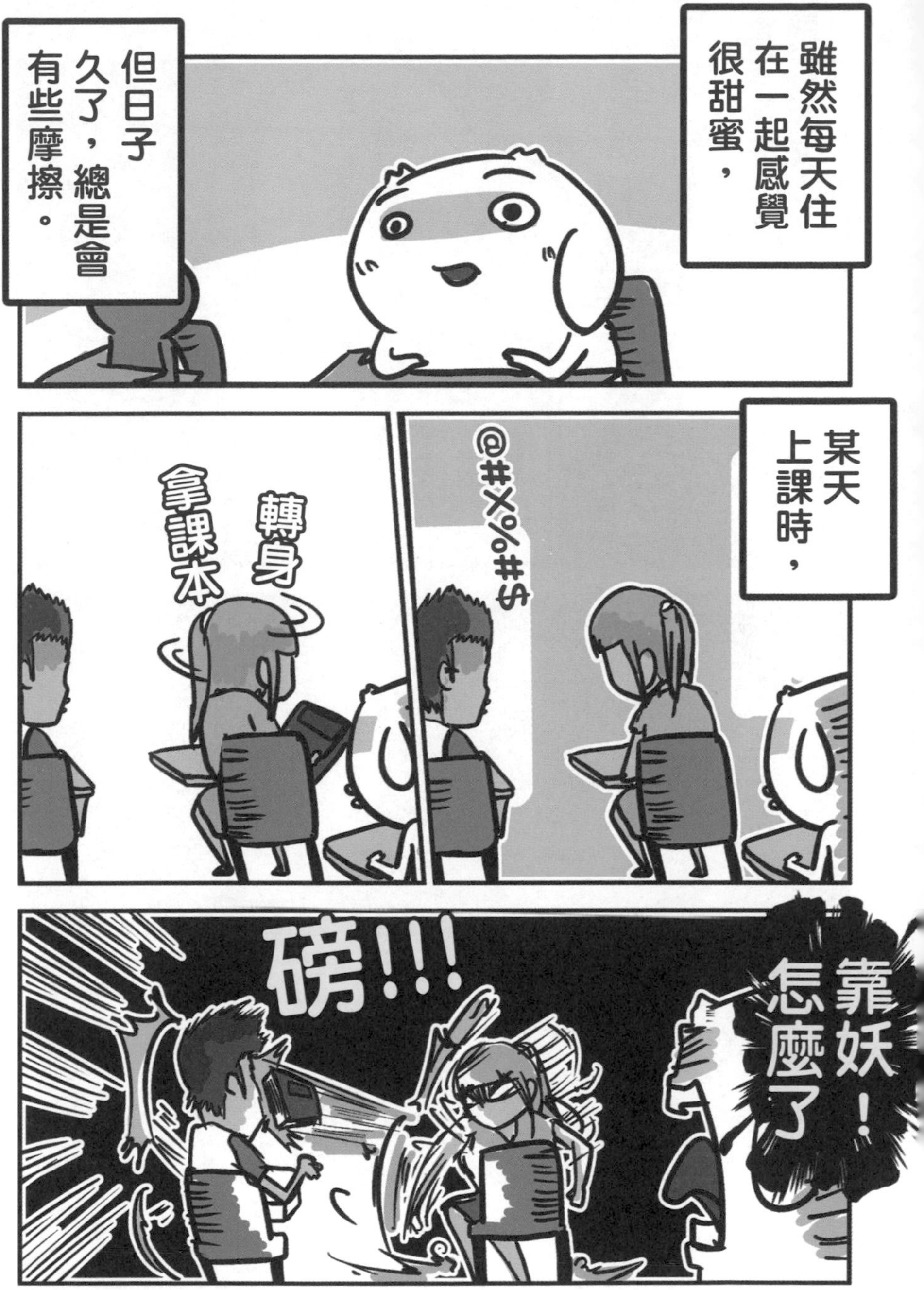
雖然每天住
在一起感覺
很甜蜜，
但日子
久了，總是會
有些摩擦。
某天
上課時，
@#×%#$
轉身
拿課本
磅!!!
靠妖！
怎麼了

原文書擊中臉

在一起久了，連尊重都忘了！

跨年絕對要慎選

餒餒，聽你講那麼多，
你大學根本無憂無慮阿。
哪有！明明煩惱很多！
平常要煩惱午餐要吃什麼阿？
蹺課太多被當掉怎麼辦阿？
或者是跨年要去哪裡也很煩阿？
幹。
企系拉!!!
啪
給拎周罵卡差不多點！

幹嘛？我有說錯嗎？這些東西想到都很煩耶！
放屁！想跨年要去哪裡什麼爛理由！
說到跨年，一直是大學生的重要活動之一。
我問你唷，你跨年有行程嗎？
跨年唷
沒有耶，不想去人擠人的倒數晚會，
訂餐廳也好麻煩唷。
我們要在宿舍樓下烤肉，你要不要一起阿？

不要啦，在學校附近烤肉好沒FU，而且還要買材料，太麻煩了！
為什麼要提議烤肉阿？
因為跨完年，
可以馬上回宿舍打牌！
早說咩～烤肉什麼的最讚了～❤
那你是答應嘍？
那當天的肉跟料都給你買嘍！
為什麼啊！
因為你是本地人！我們外地人買肉不熟咩！
幹

本地人的宿命

就在跨年當天晚上，
我們一群人聚集在宿舍樓下，
烤著美食，
啪嗞
啪嗞
配著美酒，
還有親愛的另一半，
阿~~~
這樣的場景，
我說你們阿
不禁讓我想說……

你們這群王八蛋夠了沒！
我是你們小弟阿！還專門烤給你們吃！
雙雙對對
馬的！難道單身錯了嗎？
拎杯烤肉要加瀉藥
就在烤肉到一半時
我抬頭看到屋頂上，
有一個人正在跳舞。

阿中，你看有人在頂樓跳舞耶。
真的耶，但你不覺得他快掉下來了嗎？
好像是耶，他應該不會要跳樓吧？
咻
碰!!!

聽說跳樓的人是因為嗑藥，人有救回來唷！

後來晚上睡覺時，
不知道是不是
吃烤肉的關係。
小劉睡到一半，
突然想放屁。
他在半夢半醒
之間……
對！
同一個小劉。
哺滋～
哺滋～

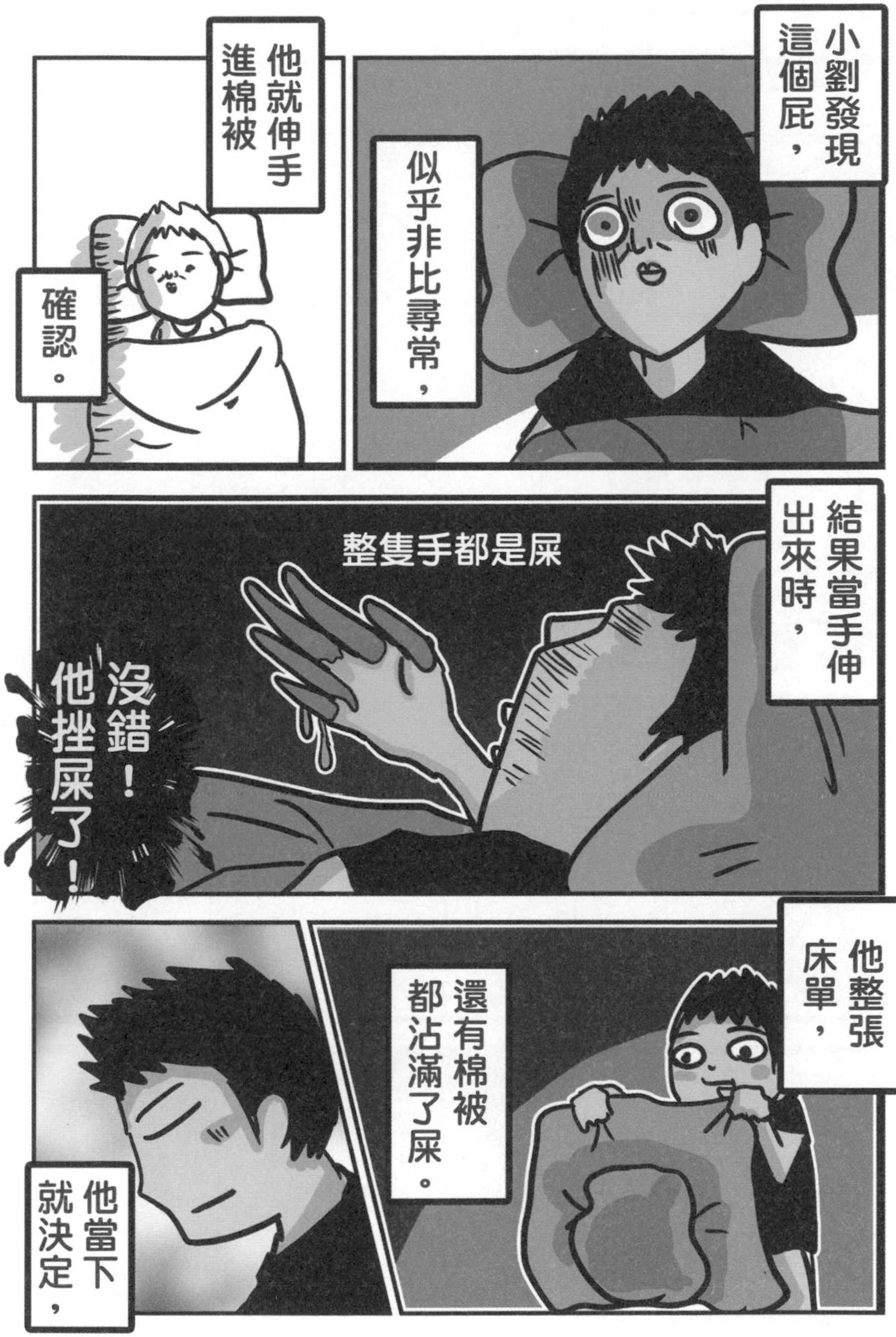
小劉發現這個屁，
似乎非比尋常，
他就伸手進棉被
確認。
結果當手伸出來時，
整隻手都是屎
沒錯！他挫屎了！
他整張床單，
還有棉被都沾滿了屎。
他當下就決定，

隔天早上
把沾屎的棉被，
還有被單，
直接封進垃圾袋內。
一加一洗衣房
老闆，我要洗衣服！
有人在嗎？

哎呀同學，想洗什麼呢？
我要洗這一袋床單。
有點髒，麻煩你了。
有點臭耶！你這是沾到什麼阿？
有沾到屎啊！
三小

你這樣不行啦！
哪有人這樣洗！沒有這樣的啦！
那不然，
我加一千可以嗎？
好的，明天記得來拿唷。
耶斯～
結果隔天，
老闆，我來嘍！
小劉去拿床單時，

據說後來，老闆徒手把屎水挖出來。

畢業前最煎熬的事情

妳知道嗎？不知道怎麼過的，就這樣，我的大學生活莫名其妙也混到大四了。
也太扯了！故事進展也太快了吧！
只能說時間真的是一種很奇妙的東西，
我是青春的肉體
明明覺得自己昨天才剛剛入學，
人生好像要結束了
一轉眼，已經快要畢業了。
等一下，你們畢業時，可是
不是都要做什麼畢業報告之類的嗎？
唷唷妳說那個阿！

妳說的那個應該是畢業論文吧！
不過每個科系畢業時要繳交的作業都不同，所以也不一定是繳交論文。
是唷！還有分唷！
像我之前就幫大傳系的拍過畢業影片，
但如果妳認為拍影片就是
簡單講幾句台詞或是剪接東西，
那妳就想得
太美好了！

什麼！
找我當男主角？
對阿，學長拜託阿
我們的畢業製作就缺一個男主角了。
我們導演看過你的照片，
他說不管怎樣就是希望你來演男主角阿！
真討厭，長得帥就是這麼麻煩。
暗爽在心裡
在我接下男主角的位置後……
開拍第一天，

學長這邊請，
我來和你對劇本。
學長我們這齣戲很簡單，
你飾演一個很癡情的男友，
然後要去見女朋友的時候，
你就被車撞死了。
死了。
這真的是男主角嗎？
學生製片的演員基本上都是無酬演出，
學長先吃早餐嘍！
但還是會替演員準備，
基本的伙食和交通工具。

好耶，我快餓死了！
早上沒吃就來了。
學長，不好意思因為我們經費有限，所以餐點可能不是很豪華。
沒關係啦！吃得飽就好阿！
那就多包涵嘍，
這是你的早餐，白吐司還有白開水。
靠杯!!
就在一邊吃早餐時，
一邊聽見製作的組員向一位太太央求……
拜託啦！求妳了。

怎麼了嗎？怎麼在拜託別人阿？
我們向民宿借房子拍攝，但老闆臨時要收錢，
所以只能拜託他。
那為什麼不直接給錢就好呢？
你看看你的早餐，
你覺得我們還有多餘的錢嗎？
對不起我錯惹。
而在那天，我看到同學們因為經費的問題。
老闆拜託啦
真的受盡屈辱。

我們真的沒有太多錢，拜託妳！
沒用啦說什麼都沒用！
那既然這樣我展現最大的誠意給妳看！
那位同學，為了可以省下不必要的支出，
也為了可以如期的把畢業影片拍完，
於是展現出最大的誠意。
給我起來！
不准這樣！
拜託你！
居然下跪了！

外宿篇——悲情的旅程
如果待膩了自己的學校，
記得去別人待膩的學校走走。
淡水

走！去台北

大家都知道，台灣明明很小但大學卻很多。
當然，特別的大學故事不只發生在自己的學校，
別人的學校也有故事。
拎拎拎
唉呦，是老趙唷！
喂，賤人你找我幹嘛？
喂，你這禮拜有沒有空阿？
有阿，怎麼了？
是唷！那你要不要來台北找我玩？
蛤？
找你？
起笑唷，我才不要，你又不是妹。

唉呦，你別這樣嘛！
我現在有在打工，
不然你這一次上來
吃的喝的我全包了！
好！
你要這樣我怎麼好意思，
禮拜六見！
超現實
你是說真的吼，會請我吃東西。
對啦對啦！你放心啦！
禮拜六。
桶聯客運

我好像提早到了，
離發車時間還有二十分鐘，
不然我去租漫畫好了。
快倒閉漫畫屋
來租一些小說漫畫，
等一下上車看，
這樣就不無聊了。
麻煩！我要租這些！
好的！請問有會員嗎？
沒有，我要付現。
好的，這樣總共八十元。
八十元⋯⋯
八十元⋯⋯

靠妖
沒帶錢
只剩下十五分鐘不到，於是，
阿哈哈哈哈哈哈
我最愛這種刺激的節奏了
我一路狂飆回家拿錢和提款卡。
媽媽，你有沒有看到我的褲子。
我的卡和錢都放在口袋裡面。

你說什麼褲子？
褲子我已經快洗好了。
嗡嗡嗡
靠北。
最後只好跟媽媽借錢上台北，
小姐，不好意思我回來了。
我想拿我剛剛要租的那些書。
不好意思唷，你要租的書都被別的客人借走了。

混蛋！你怎麼可以這樣對我！
你怎麼不等等我！我還特地回家拿錢耶！
關我屁事喔！先祖走的人先贏啦！
可惡！時間不夠了！
不管了！隨便拿幾本熱門新書就走吧！
桶連客運
呼！好險終於有趕上。

我的座位是二號阿。
雙人座位唷。
真希望旁邊不要坐怪人
結果，
隔壁居然是個妹子。
閃閃惹人愛
耶斯！
賺到了！是個正妹耶！
絕對要讓她對我印象深刻。
坐下

首先，用聲音吸引她，
哎呀！要到台北有五小時，
然後讓她對我身上的東西有印象，
不如看看小說，我剛剛租了什麼書呢？
靠妖
十八禁。
轉頭

直視。
靠北！等等！
我可以解釋！
瞬間站起
司機先生，
我可不可以換座位？我旁邊的人好奇怪！
小姐，我們今天是滿車沒有多的空位啦！
結果一段剛要開始的戀情，在三秒內結束了。

阿不過吼，如果真的覺得他怪怪的，我們就把他丟在高速公路上。
大哥！你別鬧了！

不甘心的二十四小時

坐了五個小時的車程，
終於來到台北。
轉運站
妖羞唷！
屁股好瘦！
阿終於到了，老趙不是說要來接我嗎？
怎麼沒看到人？
對了，直接打給他吧。
逼逼逼
喂？
老趙啊！我到台北了，你在哪阿？

是唷！你已經到了唷！
恩恩
但你現在是在台北車站吧？
我說要接你，
是要去淡水捷運站接你。
你自己搭捷運過來吼。
到了再摳我！
塞拎老師哩。
淡水站
現在位置
台北車站
渾蛋！都不講清楚。到底淡水站在哪裡啊？很近嗎？

結果就這樣，坐了五小時的客運，
媽哩！
阿阿阿阿
要壞掉惹
又在假日的捷運上罰站了四十五分鐘，
轟轟轟
淡水
我終於到了淡水。
靠妖！我腿痠死了！
嘿！微疼！
你來了。
老！趙！我終於找到你了。

我還真擔心沒找到你，
噗滋
這一腳就不能送你了！
你這渾蛋！
你知不知道為了來找你！我一路上受了多少苦！
幹嘛捏，愛計較捏！
反正人來了就好了！
算了！反正我這一次一定要吃垮你，
先去你的宿舍吧！你的車在哪？
公車
我司機快把車開來了，
等等要趕快上車唷！不然會沒位置。
哇！你的車好大一台呢！

包住包吃包喝

有去過淡江大學的朋友都知道，
淡江大學雖然在淡水，
實際上還需要一段車程才能抵達。
擠擠擠擠擠
終於到淡江大學了！
對啊！你先去我宿舍吧！
餒餒，我肚子餓了，你不是說會包吃包喝嗎？
這個啊！
不然我們買那個雞排！
雞排
好啊！
那雞排很厲害嗎？怎麼會特別選它？

哈哈哈哈當然好吃啊！
大哥！麻煩一份雞排！
老趙啊！帶朋友來玩啊？
G排
對啊！那個雞排的錢，用你上次打麻將欠我的來抵吧。
現在要回宿舍嘍？我還要買別的吃的啦。
唉喲！都這麼晚了別吃太多啦！
至少也讓我買飲料吧！吃雞排沒東西喝很乾耶。
哎呀你放心啦！我說會請你！
就是會請你啦！
歡迎來到我的宿舍！

哈哈！我記得我們家冰箱還有飲料，
好喝又可口的
養樂多！
去你的。
對了！你怎麼不喝養樂多？
冰箱裡面不是還有？
唷！我不能再喝了啦！
為什麼？
因為那是我室友的，
喝太多會被發現！

根本畜生

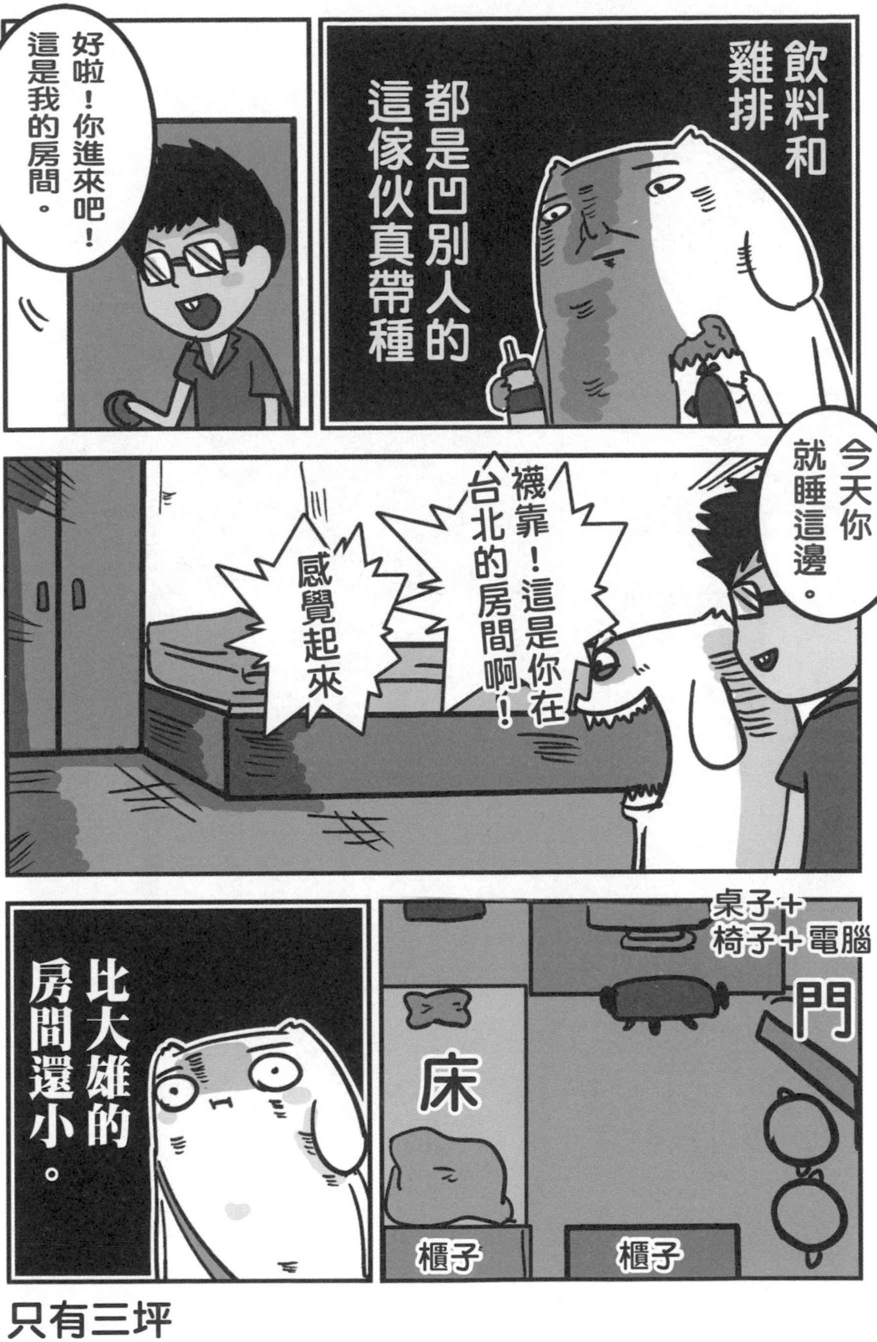
飲料和雞排都是凹別人的這傢伙真帶種
好啦！你進來吧！這是我的房間。
今天你就睡這邊。
襪靠！這是你在台北的房間啊！
感覺起來
桌子＋椅子＋電腦
門
床
櫃子
櫃子
比大雄的房間還小。

只有三坪

沒想到你來台北也這麼省！
房間這麼小又是雅房，
應該很便宜吧？
應該算是了吧！
這間是我找到最便宜的了，
房間三坪，一個月八千。
嗚嗚嗚嗚嗚
台北的房價好可怕！
餒，你先去洗澡啦！
太晚洗澡會吵到我的室友。
好唷！
天啊！好多瓶瓶罐罐，

對了！你記得用藍色的沐浴乳，
紅色的洗髮乳唷！
唷唷！這兩瓶是你的啊？
不是！
我都偷用室友的！
你寄生蟲阿你！
傍
！
最後終於洗完澡……
我洗完了！
那我們準備睡覺吧！

可是你的床這麼小！
我們怎麼擠得上去？
單人床！
這我早就想好了！
你是客人，我是主人！
你就給我睡地板吧！
賤民
垃圾人！哪有叫客人睡地板的道理！
你管我！這我的房間我最大啦！

最後，我們終於找到雙方都可以睡床的方法。
這樣就可以一起睡床了！
對阿而且不擠！
但是只能躺上半身而已！
對阿
哈哈！算了！
就忍耐一下吧！別忘了你說要請我吃好吃的！
我明天會吃垮你唷！

吃我這拳

就這樣，到台北不到二十四小時的時間，
嗚嗚嗚嗚嗚嗚好不甘心
只吃了一塊雞排、喝一瓶養樂多，就被送回台南了。

生活劇場
喂，我要買鹽酥雞你要不要吃阿？
鹽酥雞
不要！我不餓
回家後
分我吃一口一口就好
永遠不只一口

黑歷史篇——小心別被陰

都說了學校是一個小型的社會
而社會當然有黑暗面。

嗨大家好！最後是黑歷史單元！
怎麼會說是黑歷史呢？
原本這些故事想放在第一集。
但是仔細看看後，
幾乎是一些會得罪母校的故事。
出書完後要回母校演講的人
既然這本書是完結篇了阿！
我就放心畫出來了！啦啦啦啦！管他去死啦！
不准這樣講！

很緊張的編輯

系費系費要多少

相信念過大學的人，在大一時
一定都遇過一件事。
嗨！學弟妹們你好！
我是你們的系學會學長。
超有朝氣
我今天是來向大家收系費的，
系費的用處是拿舉辦系上的活動，
而且如果你有繳費，
以後參加活動還可以有優惠價格唷！
對於系費還有問題的同學，
可以舉手發問！
請問，一個人要繳多少阿？

唷唷！這費用很便宜啦！
一學期只要五千就好。
恩，五千元阿。很便宜……
便宜個頭啦！貴死了！
你以為是五十塊唷？說拿就拿？
太貴了
不能啦
沒錢啦
大家……
如果你們真的覺得太貴，
不然我們折衷。

繳四千，好不好？
太貴啦
沒錢啦
你當我
提款機唷
繳三千，如何？
一樣啦
沒錢啦
你以為說
有就有唷
兩千！兩千…
可以吧？
好啦
還可以接受啦

等等！
系費這種東西可以說改就改嗎？
又不是菜市場殺價好沒有保障的感覺
結果畢業後，遇到曾經繳過五千元的學弟。
我繳了五千，但是我都不知道用去哪裡了。也沒有明細……
呼
還好我沒繳。

＊建議繳費前多問問其他學長姐，
了解系學會運作狀況，才能保障自己的權益唷！

迎新露營

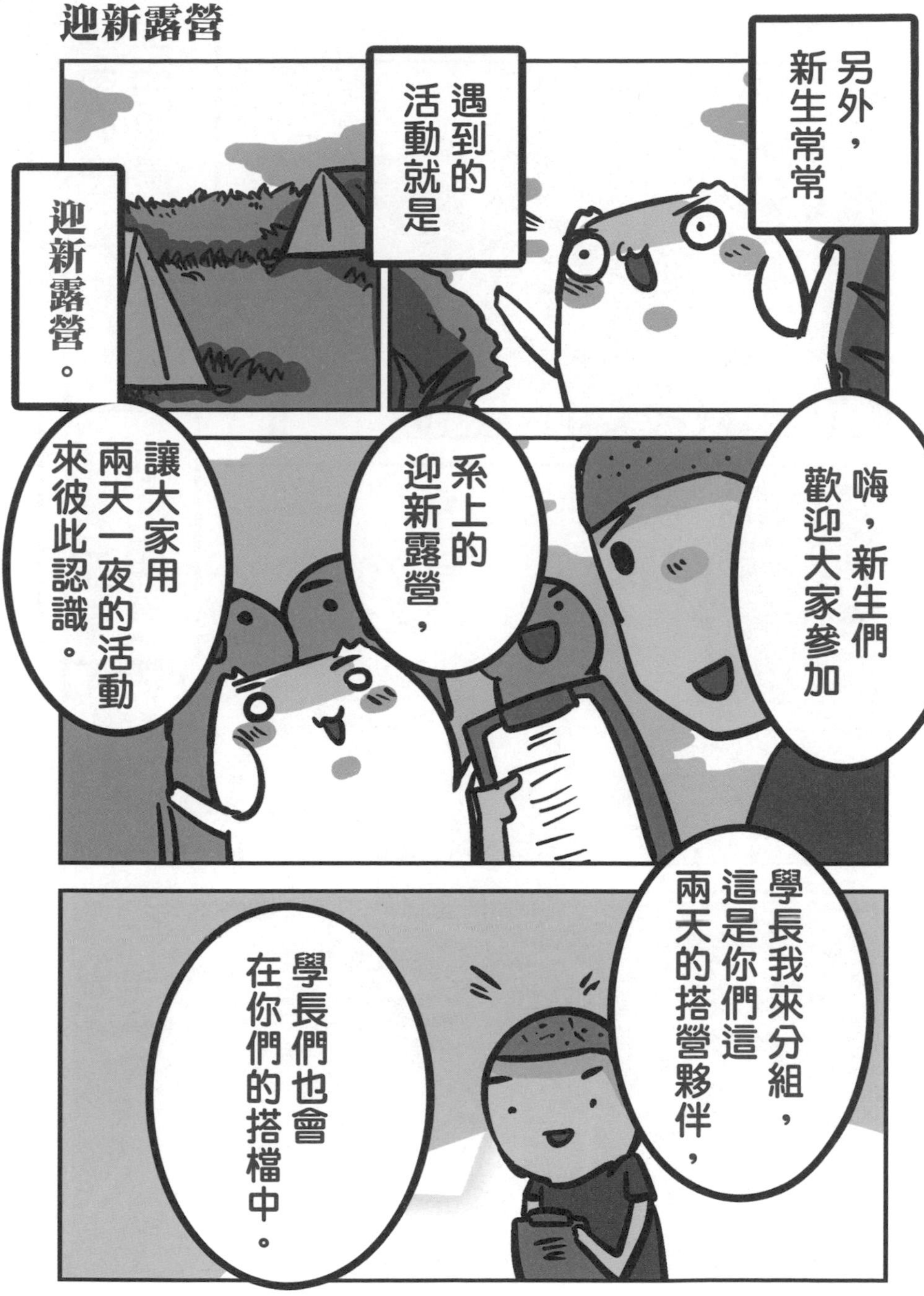
另外，新生常常
遇到的活動就是
迎新露營。
嗨，新生們歡迎大家參加
系上的迎新露營，
讓大家用兩天一夜的活動來彼此認識。
學長我來分組，這是你們這兩天的搭營夥伴，
學長們也會在你們的搭檔中。

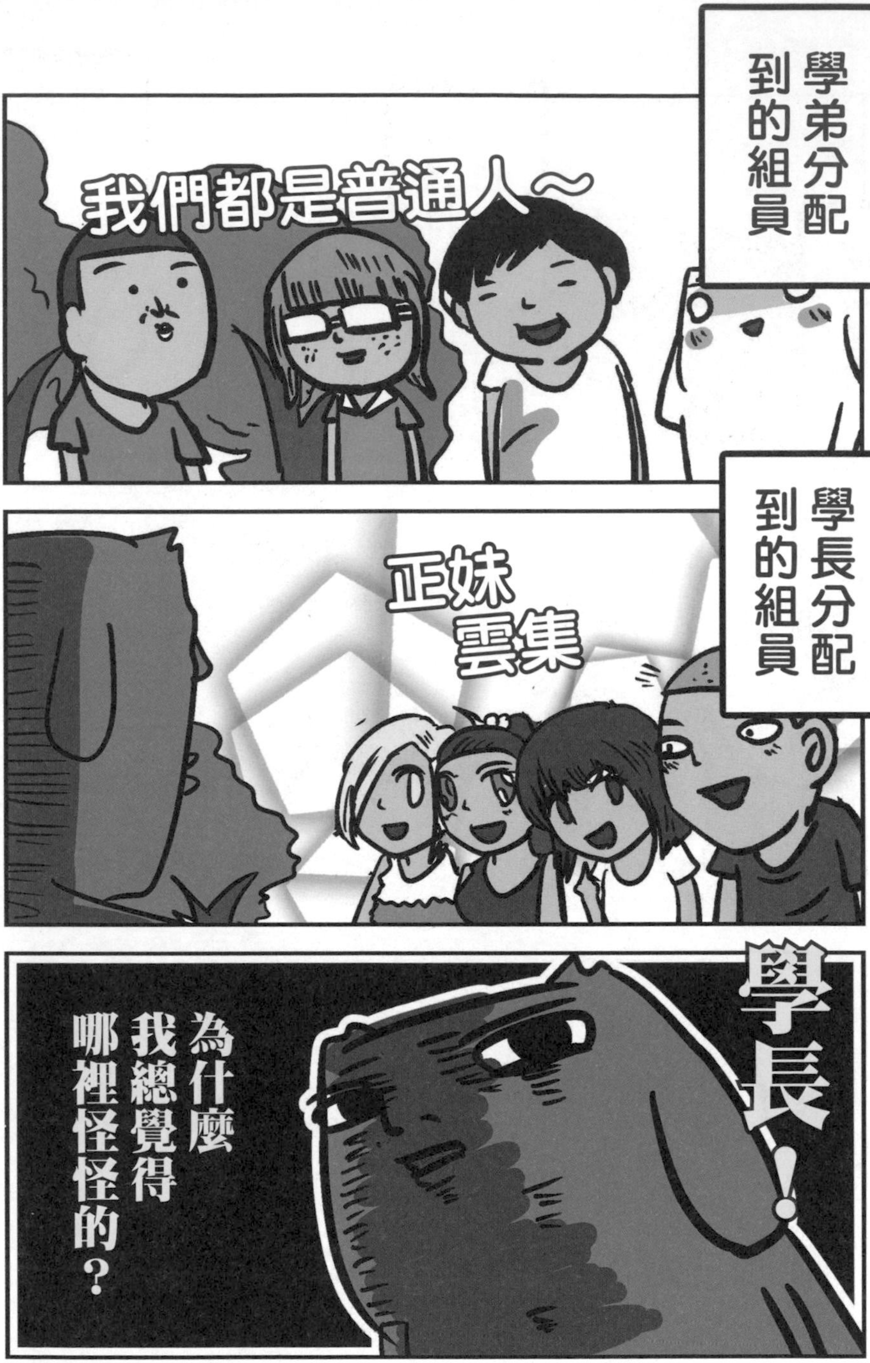
學弟分配到的組員
我們都是普通人～
學長分配到的組員
正妹雲集
學長！
為什麼我總覺得哪裡怪怪的？

掌握權力真可怕

學長，我想問一下，這兩天我們都一定要跟組員一起活動嗎？
沒有啦，我們等一下還有活動，也會交換組員。
是喔
哈哈！太好了！
那我還是有機會認識漂亮妹子的。
好了！大家注意這邊，
我們要開始玩遊戲，
藉由遊戲讓我們更認識彼此。

我們第一個遊戲就是吸星大法！
簡單說明，
每一組用一張撲克牌，
嘴巴吸住互相傳遞，
看哪組比較快。
來吧
阿阿阿阿阿！潮爽的！
現在我們就來進行遊戲吧，
原定要讓大家打散重新分組，
呵呵呵
我一定要跟正妹一組

大家知道黑箱作業有多黑了吧！

畢業前撈最後一筆

不過阿，說到這個，
現在很多學校都有設畢業門檻呢。
什麼是畢業門檻阿？
就是學校會檢測你的英文能力
是否達到畢業標準，
如果能力好的話，當然可以順利畢業，
不好的話就要延畢。
當時在畢業前半年時……
各位同學，學校從這屆開始，
為了加強畢業後的競爭力

畢業前都要通過學校的
英文考試，有作文、選擇還有翻譯，
滿分是三百分。
只要考超過兩百五十分就能畢業。
根本，不可能！
吐血
只有半年時間這樣根本沒辦法準備吧！
對阿對阿
等等！

可是你還是順利畢業了啊！就代表考試還是有通過對吧？
哈哈哈哈
納午科檸！
仔細想想，四年都在混的我，
怎麼可能半年內就把英文都搞懂！你會不會太天真！
阿靠妖那你到底是怎樣畢業的啦！
學校早就知道英文無法達到門檻的人
會有一拖拉庫，所以他們早就準備開衝刺班了。
衝刺班？

衝刺班
就是讓那些英文
不到門檻的人
可以去上課，
只要衝刺班過了，
自然就可以畢業。
這個不錯耶。
那你直接報名
衝刺班就好了阿。
你想得美，
要上衝刺班
還有條件，
首先，
必須花錢去報名
學校的檢定考試，
然後利用週休的
時間去考試，
等考試結果
證明你英文真的
沒有到門檻，
才可以花
第二筆錢，
報名學校的
衝刺班。
哈哈哈
我沒過耶

在畢業前，總是會多出很多莫名的支出！

三分天註定，七分靠同學

不過可別以為
我參加衝刺班就會認真念書了！
是在驕傲什麼！
因為衝刺班都是當屆畢業生，
我們同班耶！
所以很容易和朋友同一個班級。
對了，不知道這個
衝刺班老師，會不會很硬吼？
哎呀，放心啦！
都剩下半年了是會硬到哪去。

各位同學，我是英文班的導師
學校開這堂課無非就是
要讓你們順利畢業，
而我呢，也希望延續學校的美意，
所以，為了讓你們英文真的進步，
靠妖
以後每一堂課都要英文小考！
現在把課本收起來，馬上考試！
太突然了吧！
就這樣不小心踩到一個地雷老師。
這題不會耶

算了，選擇不會先跳過吧！
恩，翻譯，也不會，那也先跳過吧！
單字填空這也不會。
該系
整張考卷都不會。
正當我煩惱時……
咦!?
喂喂，有沒有聽到

幹嘛啦？
給你看，快點抄。
移過來
好朋友！
阿阿阿阿阿這樣可以嗎！
你在作弊耶
我也不想阿，哪有人第一堂課就考試的啦！
不管怎麼說也是為你們好阿，
老師這麼嚴厲，你後來每堂課都有準備考試吧？
沒有，我都是抄隔壁的考卷。

馬的你這傢伙！還真夠不要臉的
怎麼樣，你咬我阿！
就這樣一下子到期末考了。
餒餒，今天期末考你英文要不要念點書阿？
我怕老師會在期末考耍花招，
小心點比較好。
哎呀，擔心這個幹嘛！
他要抓早就抓了，還等到今天哩。

結果在發考卷前……
各位，我是老師的助教，
今天的考試，為了防止作弊，
所以老師有交代，
全部人都要換座位，
阿幹！穩死了！
結果後來我被換到一個
死定了
連名字都叫不出來的女同學旁邊。

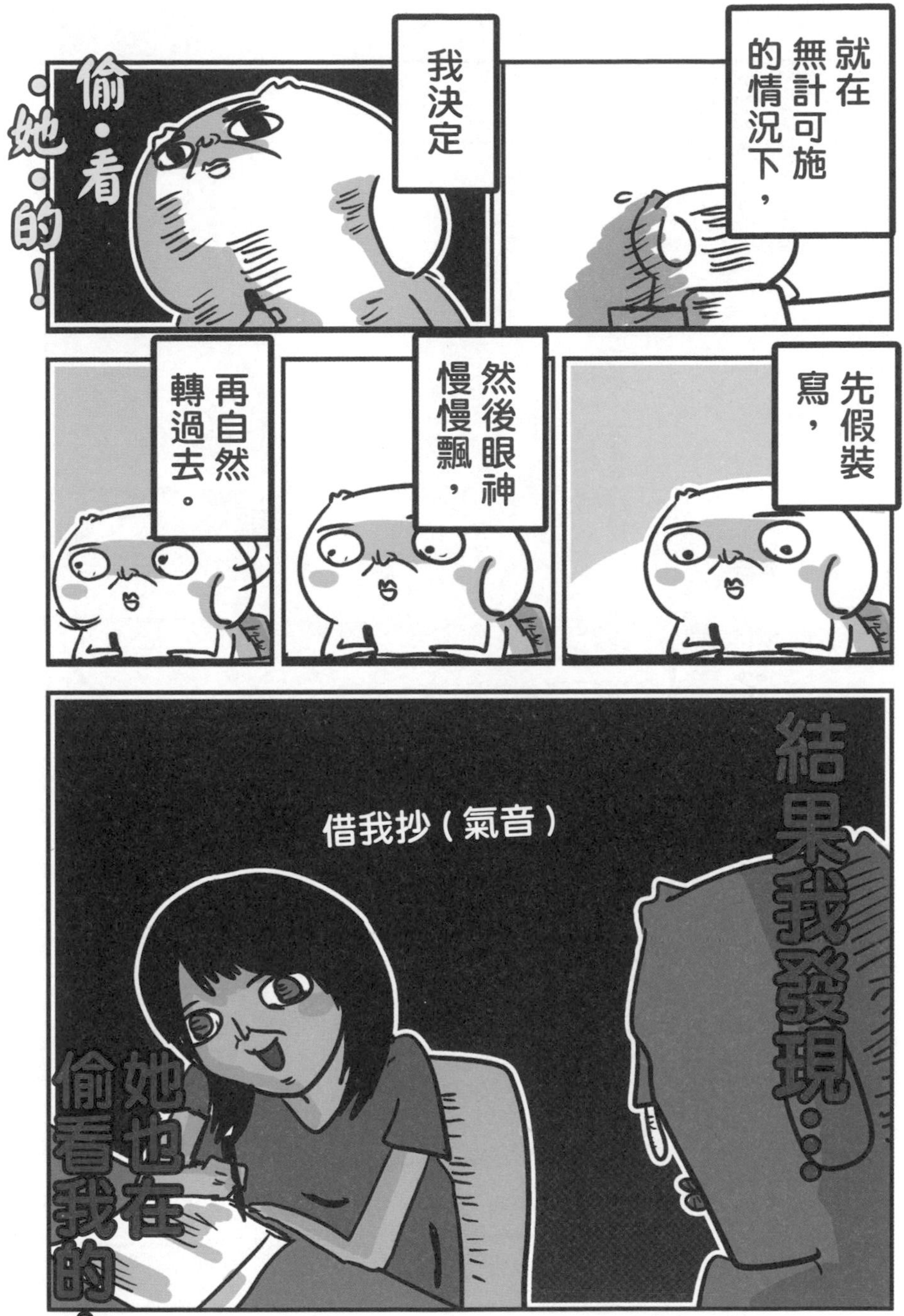
就在無計可施的情況下，
我決定
偷・看・她・的！
先假裝寫，
然後眼神慢慢飄，
再自然轉過去。
結果我發現……
借我抄（氣音）
她也在偷看我的！

PS. 最後我有 PASS 唷！

尾聲了

你講這麼多故事，
大學對你而言到底是什麼呢？
這個啊！
大家都覺得，上大學就是過著自由的生活，
但也有很多深刻的體驗，
比如說，上了大學，其實孤單一人的時間占大多數，
有時候連吃個飯都感覺像獨居老人似的。
你的同班同學很多，

但到畢業時，能叫出名字的真的沒幾個，
更別說是畢業後還保持連絡。
雖然那四年逍遙快活的日子很棒，
但也必須克服很多未知的困難。
能見到父母的機會大概
媽～我沒錢惹
就只有寒暑假而已。

但也就因為這
四年的磨練，
你才會認識
自己的不足，
也才會知道，
朋友要的不是多
而是要真。
或許現在
在台灣念大學的人，
以後都不會
往自己所學的
方向發展。
甚至有很多人
都只是想混張文憑。
但我真心認為，
這四年不管
酸甜苦辣，
都應該用心去過，
因為這些經驗
絕對會成為以後
出社會的重要養分！

FUN系列 022

大學微微疼2

作　者—微疼
主　編—邱憶伶
責任編輯—麥可欣
責任企劃—葉蘭芳
封面設計—我我設計工作室
美術設計—黃雅藍、我我設計工作室

總編輯—李采洪
董事長—趙政岷
出版者—時報文化出版企業股份有限公司
一〇八〇一九　臺北市和平西路三段二四〇號三樓
發行專線—（〇二）二三〇六六八四二
讀者服務專線—〇八〇〇二三一七〇五・（〇二）二三〇四七一〇三
讀者服務傳真—（〇二）二三〇四六八五八
郵撥—一九三四四七二四時報文化出版公司
信箱—一〇八九九臺北華江橋郵局第九九信箱

時報悅讀網—http://www.readingtimes.com.tw
讀者服務信箱—newstudy@readingtimes.com.tw
時報出版愛讀者粉絲團—https://www.facebook.com/readingtimes.2
法律顧問—理律法律事務所　陳長文律師、李念祖律師
印　刷—華展印刷有限公司
初版一刷—二〇一六年一月八日
初版十九刷—二〇二四年四月二十二日
定價—新臺幣二五〇元

時報文化出版公司成立於一九七五年，
並於一九九九年股票上櫃公開發行，於二〇〇八年脫離中時集團非屬旺中，
以「尊重智慧與創意的文化事業」為信念。

大學微微疼再現 / 微疼著. -- 初版.
-- 臺北市 : 時報文化, 2016.01
面；　公分. --（Fun系列 ; 22）
ISBN 978-957-13-6504-6（平裝）

1.大學生 2.學生生活

525.619　　104027631

ISBN 978-957-13-6504-6
Printed in Taiwan